사랑에 안기다

글/그림 고래일기

토기장이

| 프롤로그 |

우리 주위로 흘러가는 말씀들이 참 많이 있어요

이 많은 말씀들 중에서

나에게 들리는 말씀이 있어요

나는 아버지께서 내게 주시는 말씀이라 믿어요

꺄아!

내게 주신 말씀이 이렇게나 많아요

오늘도
나는 그릴 것이 아주 많아요

CONTENTS

프롤로그

PART 1 사랑을 만나다 013

기다림 | 내가 입은 사랑 | 기억하기 | 한 방울 | 의지함 | 더 가까이 |
그늘 아래 | 죄 사함 | 씨앗 | 축복으로 | 내 입의 말대로 | 채워 주심 |
구하라 | 나의 목자 | 따라가면

PART 2 사랑에 설레다 067

사랑 | 나누는 삶 | 나만을 위한 | 미술관에서 | 나의 명작 | 그 한 사람 |
가시나무 | 믿음 | 자장가 | 하나님의 약속 | 바닷길 | 나 같은 사람 |
오늘 하루 | 어떤 마음 | 언제까지 | 선하심

PART 3 사랑으로 물들다 139

내가 좋아하는 것 | 찾으실 때 | 아, 기도 | 하나님의 시간 | 토닥토닥 | 떠나가라 | 반가운 말씀 | 어려움 가운데 | 입술의 말 | 영적 전쟁 | 상처 | 언제나 | 속수무책일 때 | 그 한 가지 | 내 마음 | 함께

PART 4 다시, 사랑이다 205

나의 열매 | 승리 | 어린아이처럼 | 고요한 시간 | 마음의 문 | 참 기쁨 | 언제까지 | 나의 힘 | 변화 | 비 오는 날 | 신호 | 충성 | 잔치 | 하루 또 하루

PART 1

사랑을 만나다

| 기다림 |

오고 있나요?
우리 주님이 당신을 기다리고 계세요.

오늘 나 여기 왔어요.
나, 주님 만나러 왔어요.

"주님, 나 기다려줘서 고마워요!"

| 내가 입은 사랑 |

하나님의 기쁨을 입은 사람
하나님의 사랑을 입은 사람
나는 하나님께 속한 사람이에요.

| 기억하기 |

"기억하나요?
 그때도 우리 주님은 우리와 함께 하셨어요."

남는 건 사진뿐이라고 하더라고요.

내가 받은 은혜를 사진으로라도 남겨두면 얼마나 좋을까요?
주님께서 매순간 함께 하심을 사진으로라도
기억할 수 있다면 얼마나 좋을까요?

우리는 하루하루 내미시는 주님의 손길을
놓쳐버릴 때가 참 많은 것 같아요.

기억하길 원해요.
아버지의 돌보시는 잔잔한 손길을
아버지께서 이루신 놀라운 일들을
이제는 기억할래요!

| 한 방울 |

눈물이

한 방울
한 방울

사랑이

한 방울
한 방울

눈물이 쌓이고
기도가 쌓이면

그 눈물은 사랑으로 변해요.

주님 사랑에 '퐁당' 빠져 보아요.

| 의지함 |

아버지는 내 마음이 약하다고 수시로 말해 주세요.
시시때때로 그분을 의지하라고 알려 주세요.
나는 그 놀랍고 놀라운 섭리 속에서 황홀하고 싶어요.
시시때때로 아버지의 말씀에 빠져서 위로받고 싶어요.
아버지, 내가 잠들지 않도록 붙들어 주세요.

백성들아 시시로 그를 의지하고 그의 앞에 마음을 토하라
하나님은 우리의 피난처시로다 시편 62:8

| 더 가까이 |

조금이라도 더,
　　　더 가까이…

가까이… 가까이…

"우리 주님께 바짝 붙어 있을래요."
하나님께 가까이 함이 내게 복이에요.

| 그늘 아래 |

예수님의 돌보심이 참 좋아요.
주님의 사랑이 참 기뻐요.
내가 하나님 자녀라서 얼마나 감사한지 몰라요.

| 죄 사함 |

더럽고 부끄러운 내 발,
그런데 발이 더러운 건 당연한 거예요.
나는 죄인이니까요.
숨길 필요도 없고 더러워서 미안해할 필요도 없어요.
주님은 내 발이 더럽고 지저분한 걸
누구보다 잘 알고 계시거든요.

그러니 이 더러운 발,
주님 앞에 내어놓기만 하면 되어요.
그러면 아주 깨끗하게 다 씻어 주실 거예요.
더러운 죄, 부끄러운 마음…
주님 앞에 나아가 다 맡기면 되어요.

내어놓아야 죄 사함을 받을 수 있어요.
내려놓아야 깨끗하게 될 수 있어요.

만일 우리가 우리 죄를 자백하면 그는 미쁘시고 의로우사
우리 죄를 사하시며 우리를 모든 불의에서
깨끗하게 하실 것이요 요한일서 1:9

죄를 따라 갚지 아니하시고
용서해주시는 고마운 우리 아버지

나 곧 나는 나를 위하여 네 허물을 도말하는 자니
네 죄를 기억하지 아니하리라 이사야 43:25

| 씨앗 |

심으면 나는 거예요.
뿌리면 거두는 거예요.

내 아버지께 기도하면
다 들으시고 다 기억해주세요.

그러기에 오늘도
나는 눈물로 기도를
심을 거예요.

하루하루 힘겹게 눈물로 씨를 뿌립니다.
기도의 씨앗을.
내가 뿌리는 씨앗이 얼마나 아팠는지
얼마나 힘들었는지 주님은 아시죠?

그런데 이렇게 기도의 씨를 뿌리지 않으면
사탄이 잡초를 뿌릴 거예요.

아버지, 도와주세요.
내게 주신 밭이 좋은 밭으로 가꿔지도록.
아버지, 길러주세요.
자라게 하시는 분은 오직 주님뿐이세요.

심는 이나 물 주는 이는 아무것도 아니로되
오직 자라게 하시는 이는 하나님뿐이니라
심는 이와 물 주는 이는 한 가지이나
각각 자기가 일한 대로 자기의 상을 받으리라
고린도전서 3:7-8

눈물을 흘리며 씨를 뿌리는 자는 기쁨으로 거두리로다
울며 씨를 뿌리러 나가는 자는 반드시 기쁨으로
그 곡식 단을 가지고 돌아오리로다 시편 126:5-6

| 축복으로 |

나를 짓누르는 어려움이

축복으로 변화되는 거에요.

| 내 입의 말대로 |

아무리 많은 축복을 주길 원하셔도

내 입의 말이 축복을 날려 버리곤 해요.

내 입의 불평이 나의 복을 막아 버리곤 해요.

내 입의 말대로 되는 거예요.

내가 복 받을 말만 하길 원해요.

너희 말이 내 귀에 들린 대로
내가 너희에게 행하리니 민수기 14:28

| 채워 주심 |

하나님은 나의 욕심을 채워 주지 않으세요.

하나님은 나의 필요를 채워 주세요.

| 구하라 |

그냥 달라고 하세요.
하나님께서 주시면 게임 끝이에요.

| 나의 목자 |

기쁘지 않나요?
우리의 목자가 바로 예수님이시래요.

나의 목자는
부족함이 없게 하시고
푸른 풀밭에서 뛰놀게 하시고
잔잔한 물가로 데려가 주세요.

그렇다고
푸른 풀밭에서만 살기 위해 목자를 따르는 건 아니에요.
실은 나의 목자도 늘 쉴 만한 물가로만
데려가 주시는 것도 아니지요.
때로는 사망의 음침한 골짜기에도 데려가시고
원수가 있는 곳에 두기도 하세요.

그렇지만 두려워할 필요는 없어요.
목자의 지팡이로 지켜 주시니까요.
원수의 바로 앞에서 나를 위한 잔치를 열어 주시니까요.

양은 푸른 초장과 쉴 만한 물가를 찾아 헤매는 게 아니에요.
양은 목자를 꼭 찾아야 해요.
양은 푸른 초장과 쉴 만한 물가를 위해 기도하는 게 아니에요.
그건 목자만 잘 따르면 저절로 누릴 수 있는 복이니까요.
양은 목자 앞에 바로 서기 위해 기도하는 거예요.
주님만 잘 바라보기 위해서….

내 양은 내 음성을 들으며 나는 그들을 알며
그들은 나를 따르느니라 요한복음 10:27

| 따라가면 |

우리 아버지만 잘 따라가면
다른 복은 주렁주렁 따라와요.

PART 2

사랑에 설레다

| 사랑 |

사랑이 여기에 있으니

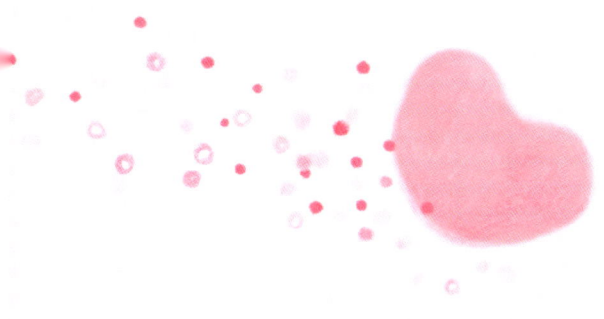

우리가 사랑함은
그가 먼저 우리를 사랑하셨기 때문이에요.

사랑하는 자들아 우리가 서로 사랑하자
사랑은 하나님께 속한 것이니
사랑하는 자마다 하나님으로부터 나서 하나님을 알고
사랑하지 아니하는 자는 하나님을 알지 못하나니
이는 하나님은 사랑이심이라

요한일서 4:7-8

하나님은 '사랑이 많으신 분'이 아니에요.
하나님은 '사랑'이세요.

| 나누는 삶 |

값없이 거저 받은 축복
값없이 거저 나누는 거예요.

받은 축복, 숨기지 마세요.
"나누는 거예요!"

아버지가 주신 선물은
나를 꾸미기 위한
액세서리가 아니잖아요.

나누라고 주신 사랑, 그것을 전하는 게
우리가 맡은 일이에요.

네 손이 선을 베풀 힘이 있거든
마땅히 받을 자에게 베풀기를 아끼지 말며 잠언 3:27

맛난 음식을 같이 먹으면 더 맛있잖아요.
멋진 풍경을 함께 즐기면 더 아름답잖아요.

주시는 축복이 얼마나 기쁜지
꼭, 전하고 싶어요.
주시는 사랑이 얼마나 예쁜지
꼭, 보여 주고 싶어요.

주의 성령이 내게 임하셨으니 이는 가난한 자에게 복음을 전하게 하시려고
내게 기름을 부으시고 나를 보내사 포로 된 자에게 자유를,
눈 먼 자에게 다시 보게 함을 전파하며 눌린 자를 자유롭게 하고
주의 은혜의 해를 전파하게 하려 하심이라 하였더라 누가복음 4:18-19

"전하는 거예요"

| 나만을 위한 |

요리하는 엄마의 뒷모습이 참 좋아요.
온전히 나만을 위한 모습이에요.
그것은 사랑이에요.

오늘도
배불리 먹이시는 예수님의 사랑을 봅니다.
내게 좋은 것을 주시려고 분주히 움직이시는 주님이
지금 바로 내 눈앞에 계세요.

| 미술관에서 |

배낭여행을 하며 미술관에 많이 갔어요.
유명한 그림은 왠지 한 번쯤 눈도장을 찍어야 할 것 같았거든요.

책이나 인터넷으로만 보던 명작들이 내 눈앞에 있었어요.
백 번 듣는 것보다 한 번 보는 게 낫다고 하더니
익숙한 그림인데도 실제로 보니 전혀 다른 그림 같았어요.

아이가 뜨거운 것을 만져 봐야 조심하게 되듯이
주님께서는 우리를 그렇게 가르쳐 주세요.

나에게는 아주 귀한 경험들이 있어요.
아버지께서 나를 안아 주신 경험,
아버지께서 나를 사랑해 주신 경험이 있어요.

나는 아버지께 응답받은 경험, 내 기도를 들어주신 경험이 있어요.

당장에 보이는 응답이 없어도 불안해하지 않을
단 하나의 이유,
눈앞이 캄캄해도 확실한 믿음을 가지고 기도할 수 있는
분명한 이유,
바로 내가 직접 경험했기 때문이에요.

그것은 글로 배운 것도, 건너 건너 들은 것도 아니에요.
나를 만져 주시는 사랑의 손길로 직접 배운 거예요.
우리 주님의 사랑은 말로만 사랑한다 하는 그런 입바른 소리도
드라마에나 나올 법한 사랑도 아니거든요.
오직 나는 나를 안아 주셨던 따스한 기억으로 확실히 믿을 수 있어요.
이 모든 경험이 아버지께서 나를 사랑하시는 증거예요.

그렇기에 나는 오늘도 믿고 기도드려요.
주님께서 나의 기도를 듣고 계시다는 걸 알고 있거든요.

| 나의 명작 |

| 그 한 사람 |

"내가 진실로 너희에게 이르노니
너희 중의 한 사람이 나를 팔리라."

"주님, 저는 아니지요?"

나는 아닐 줄 알았어요.
주님을 배반하는 그런 일은… 절대 하지 않을 줄 알았어요.

"내 평생 교회를 떠나는 일은 없을 거야."
"나는 늘 예배가 먼저인 걸."

나는 지금까지 훈련을 잘 받아왔으니까 주님만 잘 바라보면
넘어지는 순간이 와도 거뜬히 일어날 거라 생각했어요.
나는 그럴 줄 알았어요.

그런데 이러니저러니 해도
나도 가룟 유다와 똑같은 죄인이었어요.

나는 아주 큰 착각에 빠져 있었던 거예요.
죄인이지만 끝까지 주님을 붙들 수 있을 거라 생각했고
시험을 당하면 더 열심히 기도해서 승리할 거라 확신했어요.
그런데 나는요 주님을 붙들지 못했어요.
허우적거리느라 기도할 생각도 하지 못했어요.

나는 주님께서 도와주시지 않으면
당연히 유혹에 빠지는 약한 자녀이고
아주 쉽게 죄를 짓는 악한 자녀예요.

"주님, 제가 그래요
제가 바로 그 죄인이에요
저를 용서해주세요"

| 가시나무 |

"다 주는 것처럼 보이죠?"
"다 도와줄 것 같죠?"

가시나무는 아무리 거대하고 화려해도
그냥 가시나무일 뿐이에요.

사탄은 유혹만 하는 거예요.
사탄이 주는 것은 그저 유혹으로만 끝나요.

화려해 보이는 선물을 부러워하지 마세요.
진짜 나를 위한 선물은 하나님께만 있어요.

나, 하나님을 떠나지 않을 거예요.
하나님의 손을 놓치지 않을 거예요.

| 믿음 |

안될 거라는 믿음은 어찌 이리 강할까요?
안될 거라는 증거는 어쩜 이리도 확실할까요?
다. 믿. 는. 다. 면. 서.

그건 아직 믿지 못해서 그래요.
들어본 건 많은데, 알고 있기는 한데
아직 믿지 않아서 그래요.

아주 간단해요. 믿기만 하면 분명해져요.
나는 주님을 아는 것으로만 살고 싶지 않아요.
나는 주님을 믿으며 살고 싶어요.
주님을 바라보면서 살고 싶어요.

| 자장가 |

어젯밤,
누군가에게 위로받으며
펑펑 울고 싶어서 핸드폰을 뒤적거렸어요.

그런데
아무에게도 전화할 사람이 없더라고요.
가족도 친구도
그 누구에게도 지금 나의 아픔을 말할 수가 없었어요.

혼자 감당해야 하는 아픔에
혼자 삭힐 수밖에 없는 괴로움에
외롭고 외로워서 울고 또 훌쩍이다
또 뒤척이며 울다 그렇게 잠이 들었어요.

"주님,
내 상한 마음을 불쌍히 여겨 주세요.
나를 위로해주세요.
달고 부드러운 음성으로 나를 덮어 주세요.
곤히 잠들 때까지 토닥토닥 해주세요."

그의 노염은 잠깐이요 그의 은총은 평생이로다
저녁에는 울음이 깃들일지라도 아침에는 기쁨이 오리로다 시편 30:5

평화 평화로다 하늘 위에서 내려오네
그 사랑의 물결이 영원토록 내 영혼을 덮으소서

| 하나님의 약속 |

성경에는 내게 주신 하나님의 약속들이 있어요.
흔들리지도 취소되지도 않는 가장 귀한 약속이에요.

그런데 우리는 못 지키는 약속만 수두룩해요.
우린 늘 미안하고
우린 늘 실망해요.
더욱이
주님께 드린 약속마저 단 하루를 지키지 못해요.
하지만 주님이 하시는 약속은 달라요.
달라도 너무 달라요.

성경이 말하는 걸 보세요.
성경에 나와 있는 걸 보세요.
내가 어디로 가든지 함께 하신다고 하셨어요.
나를 떠나지 않는다고 하셨어요.
버리지 않는다고 약속해주셨어요.
두려워 말고 믿기만 하라고 하셨어요.
하나님은 다 하실 수 있다고요.
나보다 나를 더 사랑하시며
그 사랑 변하지 않는다고 분명히 약속해주셨어요.

각양 좋은 은사와 온전한 선물이 다 위로부터
빛들의 아버지께로서 내려오나니 그는 변함도 없으시고
회전하는 그림자도 없으시니라 야고보서 1:17

| 바닷길 |

어려울 때마다
늘 멋지게 열리는 바닷길을 기대했어요.
영화에서 보면 굉장히 멋지잖아요?

긴박한 순간,
모세가 바다를 향해 지팡이를 들자
촤악~ 바다가 갈라져 길이 열렸어요.

언젠가 이렇게 멋진 기적을
내게도 보여 주실 거라고 기대했어요.
근데 기적 대신 차가운 바람만 더하셨어요.
그것도 밤새도록이요.

앞은 막혀 있고

뒤도 막혀 있고

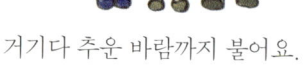

거기다 추운 바람까지 불어요.

주님 참 너무하죠?
우리 주님… 진짜 너무해요.
우리 주님… 어쩜 이렇게 짓궂으실까요?
이렇게까지 하실 필요는 없잖아요.
이렇게까지 힘들게 하실 필요는 없잖아요.

이미 충분히 아파요, 힘들어요.
왜 안 도와주시는 거예요?
왜 이렇게 될 때까지 내버려 두시는 거예요?
사탄이 나를 삼키려 드는데
왜 나를 내버려 두시는 거예요?

"강한 동풍까지 주실 필요는 없잖아요!"

그런데
그게 아니더라고요.
그 야속하게 괴로운 바람이 바로
하나님께서 일하시는 거였어요.

여호와께서 큰 동풍이 밤새도록 바닷물을 물러가게 하시니
물이 갈라져 바다가 마른 땅이 된지라 출애굽기 14:21

앞은 막히고

뒤도 막혔는데

강한 동풍까지 부나요?

"그것은
지금 주님께서 일하고 계신 거예요!"

우리 하나님이 나를 위해 일하시는 중인 거예요.
바다를 가르려고 일하시는 거예요.
바로 그 동풍으로 기적의 바닷길을 열어 주시는 거예요.

조금만, 조금만 더 힘써 버텨요.
지금 내 길이 열리고 있는 중이에요.
나를 내버려 두지 않으시는 하나님께서
여전히 나를 위해 일하고 계세요.

| 나 같은 사람 |

많은 사람들이 나의 그림이 따스하다고 말해줍니다.
참 신기하죠?
난, 그런 사람이 아닌데
사람들은 나의 그림을 따스하게 느껴요.
참 신비롭죠?
세상에, 주님 사랑이 얼마나 대단하면
나 같은 사람의 그림에도 사랑이 넘치겠어요.
나는, 내가 그리는 작은 그림만도 못한 죄인이에요.
나는, 내가 그리는 그림만큼의 사랑도 보지 못해요.

정말 다행이에요.
우리 아버지가 나를 사랑해주셔서요.
아버지 사랑 아니었음 어쩔 뻔 했어요.

우리 아버지 사랑이 얼마나 멋진지 몰라요.
내가 자랑할 것은 우리 아버지 사랑만 있어요.

| 오늘 하루 |

중학교 때, 초등학생 문제집을 보면서 생각했어요.
'지금 이대로 초등학교로 돌아가면
공부 안 해도 성적이 좋을 텐데…'
대학교 과방에서 몇 날 며칠을 밤샘 작업할 때, 후회했어요.
'고등학교 졸업하고 바로 유학을 갔어야 했어…'
한창 배우고 싶은 게 많은 요즘, 지나 버린 기회가 늘 아쉬워요.
'진작에 다 배워둘 걸…'

그때 준비했더라면 얼마나 좋았을까요?
그때 이런 생각을 할 줄 알았더라면 얼마나 달라졌을까요?
그렇게 후회 섞인 회상을 하다가 지나온 과정을 돌아보니
참 이상하게도 모든 일이 다 나에게 맞았어요!

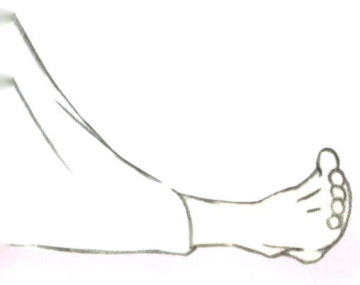

그때 그 수준이 딱 내가 할 수 있는 수준이었고
그때 그 자리가 딱 내가 버티며 배워야 하는 자리였어요.

아마 십년 뒤에 나는 오늘의 나에게
"뭐가 그리 힘들다고 투정이야? 좋~을 때다" 하며
지금의 나를 부러워 할 수도 있을 것 같아요.
이후에 나는 오늘 내가 걷고 있는 이 길에
"가장 좋은 길"이라는 제목을 붙여 줄 수 있을 것 같아요.
아버지께서 내게 허락해주신 오늘 하루는
나를 위해 준비해주신 '내게 꼭 맞는 하루'예요.

아이는 자기에게 어떤 영양이 필요한지
생각하며 먹지 않아요.
아이는 자기에게 어떤 물건이 필요한지
준비하지 않아요.
엄마가 다 알아서 해주니까요.

아버지께서 나에게 필요한
모든 것을 아시고 길러 주세요.
그것이 나를 잘 자라게 하는 거예요.

때를 따라 받는 은혜,
그것은 자라나는 나에게
맞는 옷을 입혀 주시는 거예요.
지금 입혀 주신 은혜가 내게 꼭 맞아요.
내게 딱 어울리는 옷이에요.

그리고 내게 찾아온 시련,
지금 그 시련도 내게 맞는 거예요.
지금 내게 정확히 필요한 옷이에요.
나를 잘 아시는 아버지께서
내가 감당할 수 있는 시련을 주신 거예요.
이 시련을 견뎌내야 새로운 은혜를 입을 수 있어요.

글을 배워야 책을 읽듯이
내게 맞는 교육과 시험이 반드시 있어요.
다 나만의 과정이지요.

내가 오늘 네게 명령한 이 명령은
네게 어려운 것도 아니요 먼 것도 아니라 신명기 30:11

학년이 올라가고 해가 바뀔수록
배우는 게 다 다르잖아요?
물론 시험문제는 갈수록 어려워지긴 하지만
다 감당하고 있는 나를 보세요.
다 뛰어넘어 가고 있는 나를 보세요.
정말 신기하죠?

"오늘도 나는 이만큼 자라났어요."

| 어떤 마음 |

높은 마음을 품으면
흔들려요. 넘어져요.
앞서 일하시는 주님을 볼 수가 없어요.

낮은 마음으로 걸어갈게요!

| 언제까지 |

왜 나를 이렇게 내버려 두시나요?
나의 기도를 듣고는 계신 건가요?
왜 나만 건져 주지 않으시나요?
나는 언제까지 낙심해야 하나요?
이 쓰라린 마음을 언제까지 참아내야만 하나요?
왜 그렇게 멀리 서서 바라만 보고 계시나요?

여호와여 어느 때까지니이까 나를 영원히 잊으시나이까
주의 얼굴을 나에게서 어느 때까지 숨기시겠나이까
내 하나님이여 내 하나님이여
어찌 나를 버리셨나이까 어찌 나를 멀리 하여 돕지 아니하시오며
내 신음소리를 듣지 아니하시나이까
내 하나님이여
내가 낮에도 부르짖고 밤에도 잠잠하지 아니하오나
응답하지 아니하시나이다 시편 22:1-2

"주여, 언제까지인가요?"

내가 여호와를 기다리고 기다렸더니
귀를 기울이사 나의 부르짖음을 들으셨도다
나를 기가 막힐 웅덩이와 수렁에서 끌어올리시고
내 발을 반석 위에 두사 내 걸음을 견고하게 하셨도다 시편 40:1-2

하나님께서 나를 켜 주실 때가 있습니다.
반드시 나를 빛나게 하실 때가 있습니다.

내가 등장할 타이밍이 반드시 있어요.
하나님의 타이밍이 반드시 있어요.
가장 좋은 때에 나의 등장이
아주 멋진 장면이 될 수 있도록 하실 거예요.
오직 아버지의 능력으로만
내가 빛나도록 말이에요.

나의 어두운 면만 보지 않을게요.
그 고난 뒤편에 있는 것을 바라보며
미리 감사할게요.
지금은 나만 받는 고통에
많이 힘들고 외롭긴 하지만
조금 뒤에 내가 누릴 수 있는
축복을 기대하며 바라봅니다.

인내를 온전히 이루라
이는 너희로 온전하고 구비하여
조금도 부족함이 없게 하려 함이라 야고보서 1:4

| 선하심 |

하나님은 어느 것 하나라도 손해가 되지 않게 해주세요.
모든 것이 협력하여 선을 이루게 하시죠.
모든 것이 내게 유익하고 주시는 모든 것이 선해요.

이러셔도 저러셔도 이리 보아도 저리 보아도
감사할 수밖에 없게끔 이끌어 주세요.
주님의 섭리가 어찌나 놀라운지요.

우리가 알거니와 하나님을 사랑하는 자 곧 그의 뜻대로 부르심을
입은 자들에게는 모든 것이 합력하여 선을 이루느니라 로마서 8:28

이 놀라운 말씀, 나 알아요!
당연히 잘 아는 말씀이에요.
외울 만큼 자주 들었던 말씀인데…

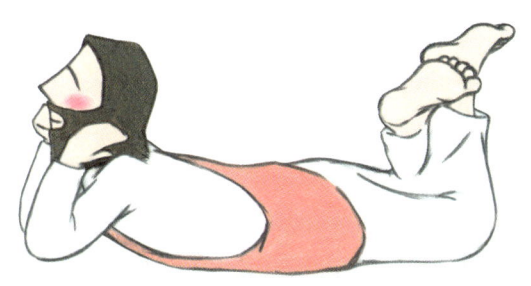

"나는 항상 잊고 살아요."

하나님이 수없이 해주신 말씀인데
나는 왜 자꾸 깜빡하는 걸까요?

이런 나를 불러 주시는 주님,
어려울 때 흔들리지 않도록 도와주세요.
불안해하거나 의심하지 않게 해주세요.
우리 주님은 선하신 분임을 믿어요!

PART 3

사랑으로 물들다

| 내가 좋아하는 것 |

나는 좋아하는 것들이 참 많아요.
나는 필요한 것들도 진짜 많아요.
나는 바라는 것들도 정말 많아요.

검은 구름이 몰려와요.

검은 구름이 계속 몰려와요.

아무것도 보이지 않아요.
나에게 아무것도 없어요.

"어쩌죠?"
"어떡하죠?"

나만 홀로 버려지면 어디로 가야 하죠?
내게 남은 게 하나도 없으면 어떻게 해야 하죠?

"주님, 도와주세요."
"나 혼자 버려두지 마세요."

주님이 보여요.

"나는 이제야 주님이 보이네요."

주님을 바라보고 있지 않으면
주님은 때론 검은 구름을 보내셔서
내가 좋아하는 것들을 가리세요.

어리석은 내가 주님만 바라볼 수 있도록
잠시 불을 끄신 거에요.

"이제야 내 눈에 주님이 보여요.
주님은 여전히 나를 사랑스럽게 바라봐 주시네요."

이 순간이 그냥 악몽이었으면 하는 날에
눈을 뜨면 다 꿈이었으면 하는 그런 날에
나는 상상해요.

갑자기 불이 꺼져 어두워진 저 방문 너머
주님이 예쁜 케이크에 초를 꼽고 나타나셔서
서프라이즈를 해주시는 거에요.
원래 생일파티는 그래야 더 기쁘잖아요.

악몽 같은 하루로 둔갑해 있던
깜짝파티를 상상하며
두근두근 주님을 기다려요.

| 찾으실 때 |

"네가 어디 있느냐?"

주께서 이르시되 내가 누구를 보내며
누가 우리를 위하여 갈꼬 하시니
그 때에 내가 이르되
내가 여기 있나이다 나를 보내소서

이사야 6:8

주님께서 찾으실 때
재까닥 대답을 해야 하는데
나는 또 엉뚱한 곳에서 한눈팔고 있네요.
수많은 상황 가운데 있더라도
주님 음성에 제일 먼저 대답하길 원해요.

아버지께서 나를 필요로 하실 때,
가장 발 빠르게 달려 나가고 싶어요.

"주님…"

"나 여기 있어요!"

| 아, 기도 |

바쁘게 일하다가 덜컥 겁이 날 때가 있어요.
아, 기도하며 일하지 못했구나!
허겁지겁 일하다가 문득 불안해질 때가 있어요.
아, 내가 또 믿지 못하고 있구나!
중요한 일을 앞두고 마음이 급해질 때면 생각해요.
아, 기도해야겠다!

코너에 몰릴수록, 앞이 캄캄할수록
마음에 기도하고픈 마음이 드는 건
주님이 나를 부르시기 때문이에요.
짐을 들어 주시려고 신호를 주시는 거예요.
곤한 내 영혼 편히 쉴 곳, 바로 그곳에서
"쉬어 가세요!"

수고하고 무거운 짐 진 자들아 다 내게로 오라 내가 너희를 쉬게 하리라
나는 마음이 온유하고 겸손하니 나의 멍에를 메고 내게 배우라
그리하면 너희 마음이 쉼을 얻으리니 이는 내 멍에는 쉽고
내 짐은 가벼움이라 마태복음 11:28-30

| 하나님의 시간 |

"우리 하나님의 시간은
어쩜 이리도 느린 걸까요?"

그런데
자라고 있는 자신을 한번 보세요.
결코 느리지 않아요. 제일 정확해요.

안 되는 것 같은데 되게 하시고
뒤처지는 것 같은데 앞서가게 하세요.
다 들어주지 않으시는 것 같은데
모든 것을 예비해주시는 참 완벽한 분이세요.

너희를 향한 나의 생각을 내가 아나니
평안이요 재앙이 아니니라
너희에게 미래와 희망을 주는 것이니라

예레미야 29:11

| 토닥토닥 |

매일 새벽에 울며 기도했어요.

    "주님, 나를 불쌍히 여겨 주세요.
    주님, 내가 너무 부족해서
    주님 앞에서 우는 것 말고는 할 수 있는 게 없어요.
    주님을 붙잡는 내 마음을 받아 주세요.
    주님을 찾는 내가 기쁨이 되었으면 좋겠어요."

기도는 참 신기해요.
기도하면 끊임없는 하나님의 위로가 내려요.
기도하면 시선이 달라져요.

하루는 심하게 상처받은 날이 있었어요.
그래도 원망하기 싫어서 감사한 것만 생각하려 했어요.
감사를 꾸역꾸역 집어넣는 듯
체할 것 같은 마음으로 기도했어요.

그런데 그때
아버지께서 나의 등을 토닥토닥 토닥토닥.
그 손길을 절대 잊지 못할 거예요.
꾸역꾸역 삼키던 감사가 달게 느껴졌어요.

단 하루의 기도, 단 한순간의 기도라도
여호와여 내 기도를 들으시고
나의 부르짖음을 주께 상달케 하소서.

너는 기도할 때에 네 골방에 들어가 문을 닫고
은밀한 중에 계신 네 아버지께 기도하라
은밀한 중에 보시는 네 아버지께서 갚으시리라 마태복음 6:6

하루는 내가 아주 빛나는 날이 있었어요.
멋진 주인공이 된 듯한 날이었죠.
그동안 애써왔으니까
하나님이 주신 선물로 여기며 감사기도를 드렸어요.

그런데 그때
조금씩 피어나는 나의 교만을 봤어요.
마음 깊숙한 곳에서 교만한 마음이 꿈틀꿈틀 지나가는데
이 교만 때문에 좋은 선물이 사라질까 봐 너무 무서웠어요.

하루는 내가 너무 초라해진 날이었어요.
한없이 초라해진 내 모습에 서럽고 서러워
엎드려 기도했어요. 매달렸어요.

그런데 그때
감사가 넘쳤어요.
빛이 나서 교만으로 불안한 하루보다
초라한 모습으로 엎드린 그날이 더 기뻤어요.

아프고 괴로워도
주님 앞에 매달릴 수밖에 없는 그때가 감사해요.

나는 아버지께서 최고의 방법으로
기도를 들어주고 계신 거라 믿어요.
내 눈물 한 방울 새어 나가지 않도록
아껴 주시는 그분께
오늘도 나는 기도합니다.

| 떠나가라 |

사탄은 존재만으로도 불편해요.
보고 싶지도 않아요. 생각하는 것조차 싫어요.
하지만 나는 분명히 알고 있어야 해요.
사탄은 우리 주변을 이리저리 다니고 있다고 그랬어요.

너무 싫은 소식이지만 사탄은 늘 나를 노리고 있거든요.
그러니까 항상 깨어 조심해야 해요.

나에게는 사탄을 이길 힘 같은 건 없어요.
안타깝게도 사탄은 나보다 훨씬 똑똑하고 영리해요.
나를 방해하는데 그렇게 부지런할 수가 없어요.
내가 넘어지는 걸 얼마나 좋아하는지 몰라요.

주님께서 나를 지켜 주려고 오셨어요.
사탄의 일을 멸하려고 오셨어요.
주님께서 사탄에게 매인 나를 고쳐 주셨어요.

평강의 하나님께서 속히 사탄을
너희 발 아래에서 상하게 하시리라 로마서 16:20

| 반가운 말씀 |

하나님 아버지께서 주신 책은
참 귀하고 중한 말씀으로 가득 차 있어요.
기쁘고 반가운 말씀 중에
날 사랑하신다는 말이 참 좋아요.
주께서 사랑해주시니 나는 참 기뻐요.

| 어려움 가운데 |

온갖 시험이 많았지만
시험을 바라본 적은 없어요.
온갖 어려움이 많았지만
어려움을 바라본 적은 없어요.

" 나는 우리 주 그리스도만 바라봤어요! "

훗날 이런 멋진 고백을 할 수 있기를 간절히 바래요.
내가 주님만을 바라보며 나아갔다고, 이겨냈다고
세월이 지나 내 입술에서 고백되어지기를요.

| 입술의 말 |

"내 입의 말!"
내 입술의 말이 참 무서워요.
순간 아차! 싶을 때가 많지만 쉽게 조절이 안 되어요.

그렇게 너무 쉽게 내뱉는 말을, 우리 하나님은 참 크게 들으세요.
아무 생각 없이 던지는 그 말을, 놓치지 않고 다 듣고 계세요.
내 말에 담긴 나의 믿음을 보시고
하나하나 떨어뜨리지 않고 다 기억하고 계세요.

불신을 내 입에 담지 말아야 해요.
그것도 나의 것이 되어 버려요.
이왕이면 믿음을 고백해요.
내가 내뱉는 작은 믿음의 한마디가
'하나님의 능력'이 되어요.
그러니 믿고 선포하는 거예요.

이제 매일매일 내 입술로
도장 쾅! 찍을래요.

"복의 복을 받을지어다!"
"기쁨으로 감사하리라!"
"승리하리라!" "아멘!"

| 영적 전쟁 |

_ARE YOU READY?

"영적 전쟁"

"사탄이 얼마나 집요한지 몰라요."

대충 기도해서 될 문제가 아니에요.
설렁설렁 기도하면 안 돼요!
쉽게 통과할 문제도 아니에요.
슬슬 걸어가면 안 돼요!

하나님께서 도와주셔야 해요.
하나님께 매달려야 해요.

근신하라 깨어라
너희 대적 마귀가 우는 사자 같이
두루 다니며 삼킬 자를 찾나니 베드로전서 5:8

도피성에 들어가는 것만이 유일한 방법이에요.
나의 도피성은 예수 그리스도!

예수 그리스도만이 나의 피난처
예수 그리스도만이 내가 살 길이에요.

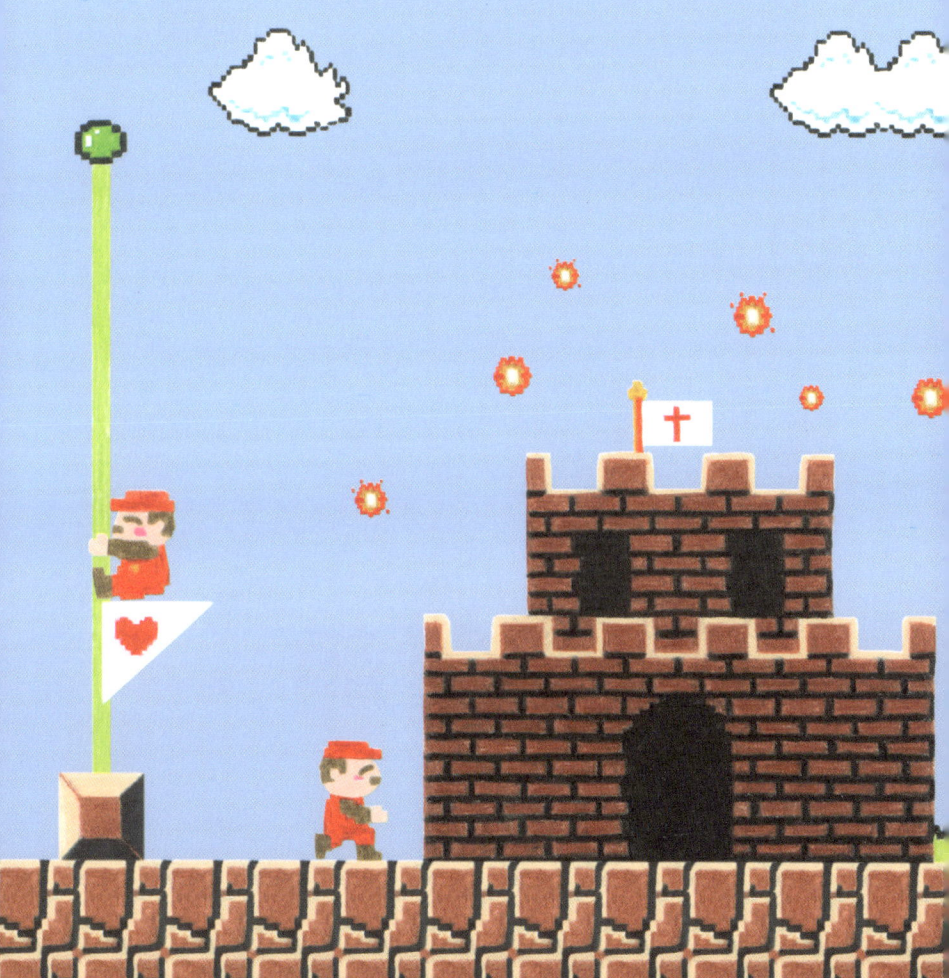

PSALMS 37 : 10

A LITTLE WHILE, AND THE WICKED WILL BE NO MORE ; THOUGH YOU LOOK FOR THEM, THEY WILL NOT BE FOUND.

PSALMS 61 : 3-4

FOR YOU HAVE BEEN MY REFUGE, A STRONG TOWER AGAINST THE FOE.
I LONG TO DWELL IN YOUR TENT FOREVER
AND TAKE REFUGE IN THE SHELTER OF YOUR WINGS. SELAH

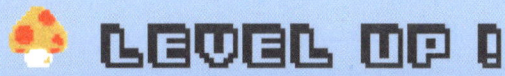

| 상처 |

누구나 마음에 상처 한두 마리 정도 키우고 있어요.
나도 한 마리 키우고 있지요.
처음에 요 녀석은 작고 눈에 띄지 않아 그냥 내버려뒀어요.
그런데 뭘 먹고 크는지 어느새 엄청나게 자라서
내 마음서열 1순위가 되어 버리고 말았어요.
그러고는 주님의 말씀도 다 빼앗아 가고
기쁨도 다 가로채더니
이젠 나를 공격하기까지 해요.
내가 상처 받는 걸 아주 즐기는 녀석이에요.

근데 참 신기한 것은
나는 요 녀석을 좋아하지도 아끼지도 않는데
버리지 못한다는 거예요.
품에서 떼어 내면 다치지 않을 텐데
내다 버리면 다 해결될 텐데
그게 참 쉽지 않아요.
사탄이 나랑 요 녀석에게
자석을 달아 놨는지 실로 꿰매 놨는지
떨어뜨리는 게 무척 힘들어요.
마음대로 잘되지 않아요.

그래도 버려야 해요.
있는 힘껏 떼어 내야 해요.
그래야지 주님이 치료해주실 수 있어요.

겨우겨우 떼어 내서 내다 버렸는데
이 끈질긴 녀석은 다른 데 갈 생각을 안 해요.
내 주위를 항상 맴돌아요.
내 주위를 자꾸 서성거리며 따라와요.
이제는 사라졌구나, 안심하고 있을 때
어디선가 갑자기 나타나 놀래켜요.
깜짝이야! 한동안 조용하다 했어요.

"주님, 오늘도 상처가 나를 괴롭혀요!"

문득 떠오르는 아픈 생각들에
나는 또다시 상처들과 싸움을 시작해요.

그래도 이젠 어렵지 않아요.
방법을 알았거든요.
"주님!" 하고 외치기만 하면 되어요.
오 녀석이 으르렁거릴 때마다
주님 품으로 쏘옥 들어가면 신기하게도 아프지 않아요.

순간! 두려운 생각이 떠오를 때 "주님" 하고 불러요.
순간! 무서운 절망이 찾아올 때 "주님" 하고 불러요.
순간! 내가 너무나 초라해질 때 "주님" 하고 불러요.
순간! 끝없는 원망이 찾아올 때 "주님" 하고 불러요.

우리 주님을 빨리 찾을수록 좋아요.
주님 품으로 숨어들어 가는 게 제일 안전해요.

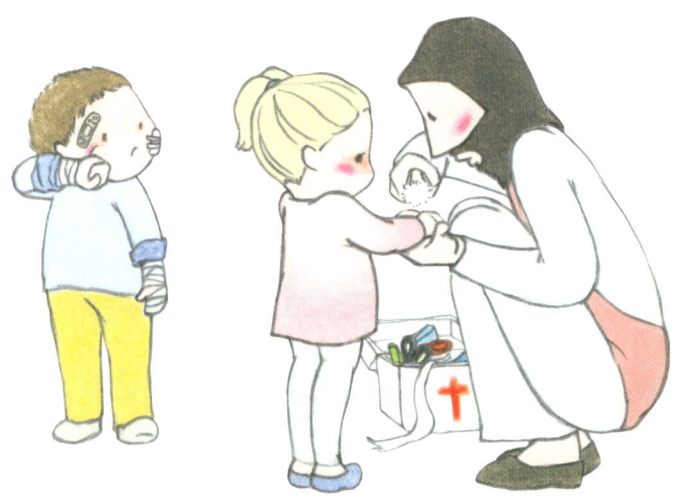

| 언제나 |

"주님, 나랑 같이 있어 줘서 고마워요!"

| 속수무책일 때 |

어떤 때는 감당 못할 정도로
이상하게 화가 날 때가 있어요.
생각지도 못한 포인트에서 급 우울해질 때도 있어요.
별것 아닌 일인데 왜 그렇게 화가 올라오는지
왜 그렇게 마음이 저 바닥까지 꺼지는지
마음을 어찌할 수가 없을 때가 있어요.

순간에 작은 불씨만 생겨도
사탄이 온 힘을 다해 마음에 부채질을 해요.
사탄이 혼신의 부채질을 하기 시작하면
그야말로 속수무책이에요.
어찌할 수가 없어요.

맞아요.
그건 내가 할 수 있는 일이 아니에요.
원래부터 내가 할 수 있는 일이 아니었어요.
방법은 하나님께만 있어요.

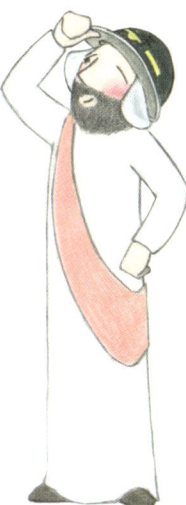

| 그 한 가지 |

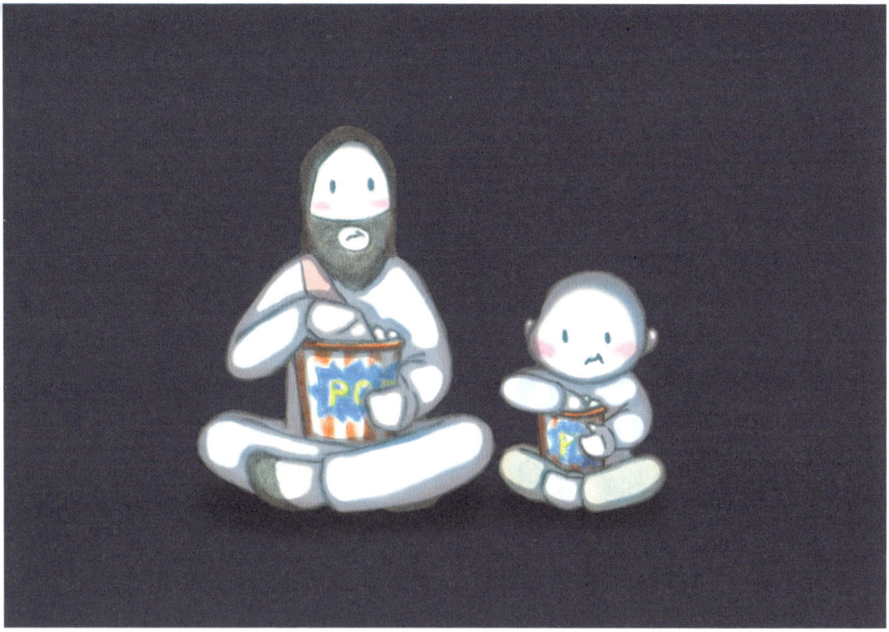

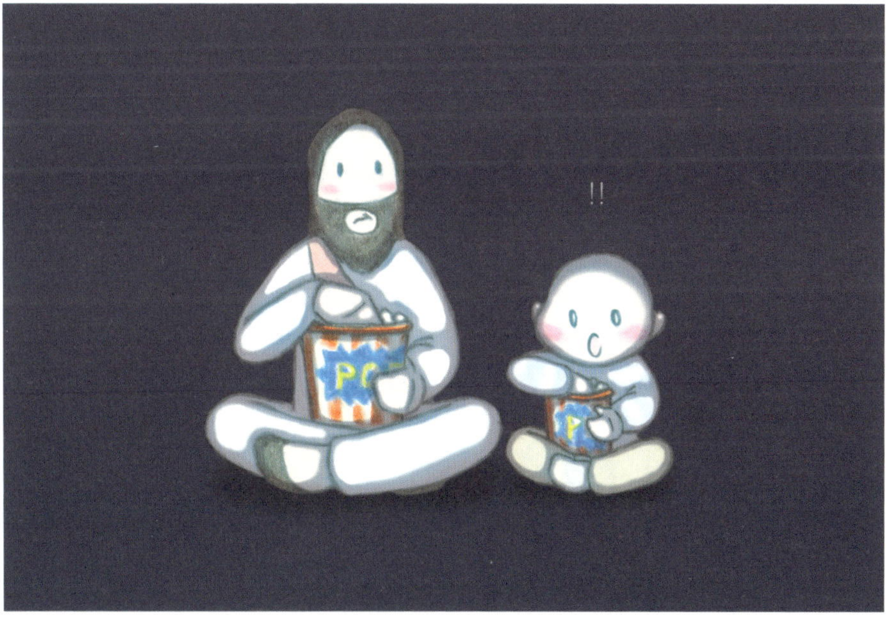

주님!

주님, 나 저거 줘요!
나도 저렇게 만들어 줘요, 네?

내게 요구하시는 유일한 한 가지
'내 믿음!'

그런데 내 믿음은 참 대단치 않아요.
늘 기도하면서 늘 의심도 해요.

'이런 것도 주실까?'
'과연 주님이 허락하실까?'

주님은 내 부족함과 어리석음을 꾸짖지 않으세요.
오히려 내 부족함을 채워 주시고 용서해주세요.
그런데 오직 하나, 나의 믿음에 대해서는 꾸짖으세요.

믿음이 작은 자여 왜 의심하였느냐 마태복음 14:31

어려운 거 달라는 분이 아니세요.
내가 드려야 복을 주시는 분도 아니고요.
주님이 요구하시는 그 한 가지는 믿음이에요.

| 내 마음 |

"외롭고
　　억울해요."

"괴로워요."

"힘들고
　지쳐요."

"나 이렇게 아파요."

"주님은…아시죠?"

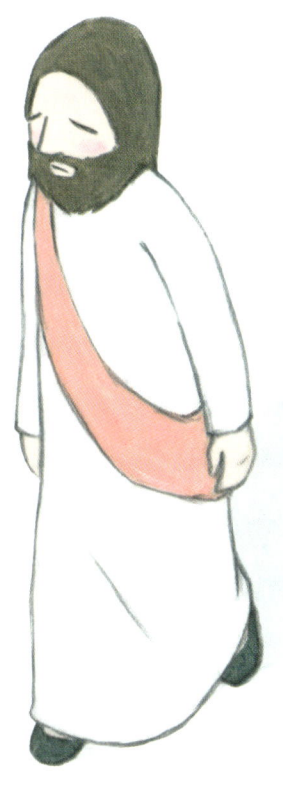

내가 네 환난과 궁핍을 알거니와
실상은 네가 부요한 자니라 요한계시록 2:9

| 함께 |

실수가 없으신 나의 하나님
오늘 하루 내게 행하신 일에 조금의 실수도 없으시죠.
오늘 하루 끝나는 순간까지도 나를 떠나지 않으시죠.

PART 4

다시, 사랑이다

| 나의 열매 |

"근데요 주님,
제 열매는 도대체 언제 주시는 거예요?"

기다리고

기다리고

또 기다려도
열매가 열리지 않아요.

아직,
가을이 오지 않았거든요.

도무지 열매가 보이지 않아요.
아직,
가을이 오지 않았거든요.

짜증도 내보고
협박도 해보고

애교도 부리고 울어도 보지만
열매는 열릴 생각조차 하지 않아요.

아직,
가을이 오지 않았거든요.

혹시 나무가 아픈 걸까요?

이 나무가 내 것이 아닌 걸까요?

내가 나무에게 무슨 잘못을 한 걸까요?

주님께서 분명히 약속해주셨는데
분명히 열매를 준다고 하셨는데
왜 나무에는 아무 열매도 없는 걸까요?

아직.
가을이 오지 않아서 그래요.

이 묵시는 정한 때가 있나니 그 종말이 속히 이르겠고
결코 거짓되지 아니하리라 '비록 더딜지라도 기다리라'
지체되지 않고 반드시 응하리라 하박국 2:3-4

"이 길이 맞나요?"
"제대로 잘 가고 있는 거 맞나요?"
"혹 죄를 지어서 막으시는 건가요?"
"무슨 잘못을 해서 길을 열어 주지 않으시는 건가요?"

내가 약해질 때마다 하는 질문이에요.
주님의 약속을 믿으며 힘차게 나아가다가도
뭔가 조금만 삐끗하면
순간 멈칫해요. 그리고 흔들려요.
흔들려서 넘어지면 살 길을 찾아내려고
사람의 방법으로 내 머리를 굴려요.
하지만 내 방법은 그리 오래가질 못해요.
기껏 생각해도 별거 없거든요.
그러고는 다시 아버지 앞에 나와 매달려요.
나는 늘 이래요.
알고 보면 별거 아닌데
가을이 오지 않으면 당연히 열매는 없는 건데
아직 주님의 때가 아닌 것뿐인데
그걸 못 참아요.
그거 하나 못 기다려요.

"여호와의 구원을 바라고 잠잠히
기다리는 게 좋아요."

너희에게 인내가 필요함은 너희가 하나님의 뜻을 행한 후에
약속하신 것을 받기 위함이라 잠시 잠깐 후면 오실 이가 오시리니
지체하지 아니하시리라 히브리서 10:36–37

내일 당장 가을이 오지 않더라도
가을은 때가 되면 분명히 올 거예요.
그땐 내 열매도 꼭 열릴 거예요.
주렁주렁 주렁주렁.

| 승리 |

이런 승리 말고요

저런 성공도 말고요

"하나님께서 높여 주시는 승리"

아버지의 방법으로 사는 기쁨을 누리길 원해요.
앞서가는 사람들을 부러워하지 마세요.
나를 향한 하나님의 계획이 어디에 있는지 모르잖아요.

네 마음으로 죄인의 형통을 부러워하지 말고
항상 여호와를 경외하라 잠언 23:17

| 어린아이처럼 |

거리는 볼거리들로 가득해요.
이것저것 보다 보면 다 갖고 싶어
이리저리로 뛰어다니게 되어요.
그러다가 어느새 길을 잃어버리고 말죠.

그러면 재밌기만 하던 길거리가 순식간에 무서운 곳으로 바뀌어요.
화려하고 신기한 볼거리들은 더 이상 내게 아무 의미가 없어요.
이제 그것들은 내게 하나도 보이지 않아요.

나는 고집부리며 마음대로 놀다가 길을 잃어버렸어요.
보고 싶은 것만 따라가다가 엉뚱한 길로 와 버렸어요.
갖고 싶은 것에 정신이 팔려 주님의 손을 놓쳐 버렸어요.

"나는 아무 힘이 없어요.
이럴 땐 그냥 울 수밖에 없어요!"

어린아이는 길을 잃어버리면 그 자리에 서서 울어요.
이제 나도 크게 울어야 해요.
나를 찾으시는 아버지가 들으실 수 있도록 말이에요.

만 가지 종류의 병이라도 약은 딱 하나밖에 없어요.
부르짖는 거예요.
부르짖는 것 외에는 방법이 없어요.

| 고요한 시간 |

이 새벽에
주님과 나, 단둘만의 시간

홀로 주님 앞에 섰어요.
주님은 늘 혼자 있는 내게 감당할 수 없는 위로를 주세요.
홀로 되어 외로이 기도드릴 때
아주 특별한 만남을 열어 주세요.

이 새벽에
주님과 나, 단둘만의 시간
내 마음이 이렇게나 황홀해요.

"주님과 함께 하는 이 고요한 시간…"

| 마음의 문 |

똑똑!

내가 배워서 아는 것이 아니에요.
내가 들어서 믿는 것이 아니에요.
성령님이 내게 와 주신 거예요.
주님께서 내 마음에 먼저 와 주셨어요.

| 참 기쁨 |

그때가 좋았지.
그땐 마냥 좋았는데
이미 상처는 받았고
나는 때 묻지 않은 기쁨을 잃어버렸어요.

이제 다시는 그런 순수한 기쁨을 누리지 못하겠죠?
이미 상처 난 마음은 어쩌할 수 없겠죠?

"평생 어린아이와 같은 기쁨이 함께 한다면 얼마나 행복할까요?"

기뻐하고 싶어도 마음이 기쁘지 않아요.
감사하고 싶어도 감사할 수가 없어요.
기도를 뜨겁게 하고 싶어도 그 열정이 쉽게 생기지 않아요.
사랑하고 싶은데 자꾸 미움만 생겨요.

하늘을 날 수 있는 방법을 알고 있나요?

동화 속 피터팬은 행복한 것을 떠올리면
하늘을 날 수 있다고 말했어요.
하지만 아이들은 그것만으로는 날 수가 없었어요.
중요한 한 가지, 팅커벨의 마법의 가루가 빠져 있었거든요.
마법의 가루를 뿌려 주자, 아이들의 몸이 저절로 붕~ 떴어요.

아무리 꿈을 꾸고 아무리 노력해도
사람의 힘으로는 날 수 없어요.
나의 힘으로는 기뻐할 수가 없어요.
하지만 마법의 가루처럼 성령이 내게 뿌려지면
나는 기뻐할 수 있어요.

그런 거예요.
성령님이 아니면 아무것도 할 수 없어요.
성령님이 아니면 그 누구도 사랑할 수 없어요.
성령님이 아니면 감사할 수 없어요.
성령님이 아니면 기뻐할 수 없어요.

좋은 일 때문이 아니라
성령님으로 말미암아 기뻐하는 거예요.
내 마음에 오신 성령님이 기쁨을 주시는 거예요.
영원한 참 기쁨은
성령님이 다스리신다는 증거예요.

주님, 성령으로 채워 주세요.
"주님 주시는 참 기쁨이 늘 나와 함께 하게 해주세요."

| 언제까지 |

두려움에 벌벌 떨고 있는 나를 주님은 말없이 기다려 주세요. 진정할 때까지 기다려 주시지만 언제까지 그대로 두지는 않으세요. 그대로 있으면 나는 아주 쉽게 깨지거든요. 그래도 나는 뜨거운 게 무섭고 싫어서 자꾸 도망을 쳐요. 결국 주님은 '요 녀석 안 되겠다' 싶을 때 마음의 준비를 할 틈도 없이 나를 번쩍 들어 아주 뜨거운 불길로 넣어 버리시죠.

순식간에 벌어진 일, 순식간에 찾아와 버린 고통…
이제 나는 이 불길을 버틸 일만 남았네요.

다른 선택은 없어요.
참고 견뎌야 해요. 버티고 버텨야 해요.

그러다가 어느새
나는 새로운 모습으로 변화되어 있어요.
주님이 아주 튼튼하고 멋지게 변화시켜 주신 거예요.
우와 이게 정말 나예요?!
이제 주님은 나를 사용하실 거예요.
언제 어디에 어떻게 사용하실지 벌써부터 두근두근해요.

이런 과정은 앞으로도 계속 되겠죠?

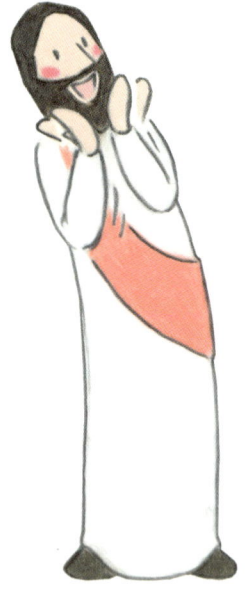

| 나의 힘 |

너희가 이제 여러 가지 시험으로 말미암아 잠깐 근심하게 되지 않을 수 없으나 오히려 크게 기뻐하는도다 베드로전서 1:6

나의 힘이 되신 여호와는
마녀도 혼내주시고
왕자님도 출동시켜 주세요.

성에서 쫓겨나는 것도
사과 먹고 쓰러지는 것도
차암 해볼 만하죠?

| 변화 |

어릴 적에 부르던 찬양인데 참 예뻐요.

♪예수님이 말씀하시니
물이 변하여 포도주 됐네♪
예수님 예수님 나에게도 말씀하셔서
새롭게 새롭게 변화시켜 주소서 ♬ ♭

가장 좋은 때에 나를 변화시켜 주세요.
언제 집안일을 다 끝내서 파티에 갈 수 있을지
어떻게 드레스를 멋지게 만들지 걱정하지 않을래요.
초라한 누더기 옷을 빛나는 드레스로 바꿔 주시고
생각지도 못한 마차까지 준비해주시는
주님이 계시니까요.
유리 구두를 잃어버려도 그것을 통해
더 좋은 삶으로 변화시켜 주시는 분이니까요.
주님의 말씀 한 번으로 나는 새롭게 되는 거예요!

| 비 오는 날 |

비를 맞으며 걸어가요.
무거운 발걸음을 겨우겨우 끌고
춥고 어두운 길을 걸어 아버지께 가요.

그렇게 나는 눈물로 기도를 드려요.
그런 나를 절대 모른 척 않으시는 주님은
오늘도 나를 꼬옥 안아 주세요.

비는 여전히 내리고 여전히 어두워요.
마음을 다해 드린 기도가
아무 소용없는 듯 나는 우산조차 없어요.
변한 건 하나도 없어요.
그렇게 걸어온 추운 길을 다시 걸어 나가요.

그런데
내 걸음이 왜 이리 가벼울까요?
내 마음이 어쩜 이리 뽀송뽀송할까요?

많은 분들의 입술을 통해 이런 고백을 들었어요.
들을 때마다 감동이 되는 건
나도 늘 경험하기 때문인가 봐요.
오늘 내 하루가 꼭 이랬으니까요.

나는 비 내리는 날이 참 좋아요.
빗소리를 들으며 침대에 바짝 붙어 있기
비오는 날의 무거운 공기와 커피를 마시며 작업하기
억수 같은 빗길을 우산 쓰고 무작정 걷기…
다 내가 아주 좋아하는 것들이에요.

하지만 내 마음에 비가 내리는 건
아직도 적응이 잘 안되어요.
수많은 상황이 어둠을 몰고 오면 겁부터 나요.
하지만 날씨가 어디 내 뜻대로 되나요.
그냥 걸어가는 거죠.
걸어 나가기만 하면 꼭 안아 주시는 분이 계시고
걸음을 가볍게 하시는 분이 계신다는 걸 우린 다 아니까요.

여전히 비가 내리고 있네요.
"비가 그치게 해주세요"라는 기도가 응답받지 못하더라도
우산을 주시지 않아 홀딱 젖더라도
참으로 신기한 방법으로 뽀송하게 해주시는 주님만 바라보며
내일도 나는 분명 기쁠 거예요.
감사할 거예요.

| 신호 |

나는 신호를 잘 안 지켜요.
제일 자신 있는 게 무단횡단이에요.
요리조리 피하는 걸 아주 잘하거든요.
당당하고 자유롭게 가로질러 가요.
내 눈에는 안전해 보이거든요.
하나도 안 위험하거든요.
그래서 늘 신호를 무시하고 마음대로 뛰어가요.
이 정도면 괜찮겠지 하며 말씀을 무시하고 마음대로 판단해요.

다들 마음대로 다니는데 왜 나만 지켜야 하나요?
이거 하나 안 지킨다고 감옥 가지는 않잖아요.
굳이 그렇게까지 지킬 필요 있나요?

그런데 주님은 못 가게 막으세요.
왜 기다리라고 하실까요?
위험한 거 진짜 하나도 없는데…
지금 가도 충분히 건널 수 있는데…
그런데 그 궁금증이 해결된 적은 그리 많지 않아요.
나는 그냥 가장 안전한 때를 아시는 분이
가라 하실 때에 가면 되나 봐요.

어쩌면 주님이 원하시는 건
그분의 작은 말씀 하나 지키는 게 아닐까 하는 생각이 들어요.
아주 작은 것이지만 그것을 지키려고 노력할 때
우리 주님이 나를 기뻐해주지 않으실까요?

그래서 나는
남들이 융통성 없다는 그 신호지킴이를 하고 있어요.
물론 매번 잘 지키고 있다고는 말할 수 없지만요.

아버지께서 내게 내미신 작은 수칙들!
오늘 하루도 잘 지키길 원해요.

| 충성 |

사람이 마땅히 우리를 그리스도의 일꾼이요
하나님의 비밀을 맡은 자로 여길지어다 그리고
맡은 자들에게 구할 것은 충성이니라 고린도전서 4:1-2

오늘 내가 서 있는 여기는, 하나님의 결정이에요.
내가 살아가는 오늘 하루도, 하나님의 결정이에요.

나는 하나님의 결정을 인정하는 데까지 아직도 많은 시간이 걸려요.
여전히 이유를 물어요. 망설여요.
이유도 묻지 않고 불평하지도 않고 주님의 뜻을 인정하고
적응하고 감사하기까지 아직도 많은 시간과 깨달음이 필요해요.
주님 명령에 순종하기엔 나에게 쓸데없는 고집이 한가득 남아 있어요.
주님 앞에서 아무것도 아닌 자가 되기엔 내가 이렇게나 교만해요.

그저 주님 말씀 한마디에 묻지도 따지지도 않고 충성하길 원해요.
천 번을 넘어져도 하나님께서 말씀하시면
"네, 하나님!" "가겠습니다!"
"그 말씀을 받겠습니다!"

하나님 하시는 일에 토달지 말고
하나님 가라고 하시는 길이 한없이 초라해 보일지라도
끝까지 내가 있어야 할 자리를 지키는 것,
그렇게 '충성'하는 거예요.

주의 계명을 지키기에 신속히 하고 지체하지 아니하였나이다 시편 119:60

| 잔치 |

사람들은 다 그들만의 잔치를 즐기는데
심지어 저런 사람도 아주 성대한 잔치를 여는데…

"주님, 나를 위한 잔치는 언제 열어 주실 거예요?"

내 기도는 아직 어려요.
나를 위한 잔치만 손꼽아 기다리는 어린아이 같은 기도예요.
늘 욕심이 한가득 차 있죠.
뿐만 아니라 기다리는 것도 잘 못해요.
불평도 얼마나 많은지 몰라요.
드려야 할 건 하나도 드리지 않으면서 바라는 건 엄청 많아요.

난 늘 주님께 받기만 하고 끝내 버려요.
받으면 입 싹 닫고
받으면 이제 다른 거 달라고 떼써요.
그런 철없는 내게 주님은 또 주셨어요.

"주님, 이제 나는 무얼 드릴까요?"

주님은 내가 어떻게 할 때 기쁘세요?
주님은 무얼 갖고 싶으세요?
주님이 원하시는 건 어떤 거예요?
주님께 어떤 순종을 드릴까요?

나는 여전히 기도해요.
다른 사람들처럼 내게도 잔치를 열어 달라고요.
나는 이제는 조금 다른 기도를 해요.
이제는 주님이 이 잔치의 주인공이 되어 달라고 기도드려요.

매일매일 주님을 위한 잔치를 열어 드리고 싶어요.
주님이 늘 잔치의 주인공이 되어 주시길 원해요.
꼭! 아버지만 홀로 영광 받아 주세요.

하늘에 계신 우리 아버지, 이름이 거룩히 여김을 받으세요.
나라와 권세와 모든 영광이 영원토록 아버지의 것이에요.

내가 드리는 순종이 주님의 기쁜 잔치가 되기를 원해요.
내가 드리는 부족한 마음이 주님의 기쁨이 되기를 원해요.

| 하루 또 하루 |

뭐가 그리 급했는지
넘어져 버렸어요.
뭐가 그리 욕심났는지
무너지고 말았어요.

오늘따라 가는 길이 외롭고 힘들어요.
오늘따라 내 마음이 낙심되고 불안해요.

오늘따라 내가 걷는 이 길은 왜 이렇게 멀까요?

오늘 하루도 버텨냈어요.
내일도 견뎌낼 거예요.
하루 또 하루 이렇게 걸어가다 보면
아버지를 만나게 될 거예요.
그때 힘을 다해 뛰어가서 와락, 안길 거예요.
그때 우리 아버지께서 나를 꼬옥 안아 주실 거예요.

"잘 견뎌냈구나.
여기까지 오느라, 참아내느라 애썼다!"

네 하나님 여호와께서 이 사십 년 동안에 네게
광야 길을 걷게 하신 것을 기억하라
이는 너를 낮추시며 너를 시험하사 네 마음이 어떠한지
그 명령을 지키는지 지키지 않는지 알려 하심이라 신명기 8:2

<u>미주</u>
105쪽 새찬송가 412장 "내 영혼의 그윽히 깊은 데서"
165쪽 새찬송가 202장 "하나님 아버지 주신 책은"
245쪽 복음송 "예수님이 말씀하시니"

마음을 다독이는 그림묵상
사랑에 안기다
ⓒ 고래일기(박고은), 2017

1판 1쇄	2017년 2월 10일
1판 18쇄	2026년 1월 5일

글/그림	고래일기(박고은)
발행인	조애신
편집	이소연
디자인	임은미
마케팅	전필영
경영지원	전두표

발행처	도서출판 토기장이
주소	서울시 마포구 동교로 71-1 2F
출판등록	1998년 5월 29일 제1998-000070호
전화	02-3143-0400
팩스	0505-300-0646
이메일	tletter77@naver.com
인스타그램	togijangi_books_

ISBN　978-89-7782-373-0

- 이 책은 저작권 법에 따라 보호를 받는 저작물이므로 무단 전재와 무단 복제를 금합니다.
- 이 책의 전부 또는 일부를 이용하려면 반드시 저자와 도서출판 토기장이의 동의를 받아야 합니다.

도서출판 **토기장이**는 생명 있는 책만 만듭니다.
"우리는 진흙이요 주는 토기장이시니 우리는 다 주의 손으로 지으신 것이니이다" (이사야 64:8)